RÉPLIQUE

AUX

OBJECTIONS

DE

M. J. F. CHAMPOLLION LE JEUNE

CONTRE

LE SYSTÊME HIÉROGLYPHIQUE

DE

MM. F. A. G. SPOHN ET G. SEYFFARTH

PAR

G. SEYFFARTH.

LEIPSIC, 1827.

CHEZ JEAN AMBROISE BARTH.

En publiant les découvertes de feu M. Spohn et les miennes sur les trois différentes écritures hiéroglyphiques, j'étais loin de me flatter qu'elles seraient tout de suite approuvées par les Savans, et reçues dans les écoles: au contraire, comme tout ce qui est nouveau, dans quelque genre que ce soit, a toujours ses adversaires; comme plusieurs passages des anciens paraissent au premier aspect contraires à notre opinion; comme enfin les bases de notre système n'ont pas encore été complétement développées, ce qu'il m'était impossible de faire dans mon traité élémentaire sur l'écriture hiéroglyphique: j'avais prévu, que l'on allait attaquer notre système, et défendre la méthode communément reçue d'interpréter les hiéroglyphes. Le premier ouvrage, qui a paru dans ce sens, est une brochure de M. Champollion le Jeune [1], auteur d'un autre système sur les hiéroglyphes, pour lequel j'ai toujours professé une grande estime, soit à cause du zèle avec lequel il poursuit ses recherches, soit à cause de la sagacité qu'il montre dans ses ouvrages. Il est cependant fort important de connaître, comment on peut parvenir à déchiffrer les vénérables monuments de l'écriture ancienne de l'Egypte, dont l'intelligence a échappé aux recherches de tant d'années et de tant de siècles. Il faut enfin savoir aussi, si M. Spohn et moi avons eu le bonheur de trouver une route sûre pour pénétrer dans les mystères Egyptiens: ainsi que le pensent nos amis, qui ont examiné notre doctrine. Je n'ai donc pas cru pouvoir me dispenser de répondre briévement aux objections, qui ont été élevées contre notre système.

La brochure, dans laquelle on a cherché à combattre notre théorie sur les hiéroglyphes, est écrite de manière, je

---

[1] Lettre à M. le Duc de Blacas d'Aulps, premier gentilhomme de la chambre, pair de France, etc. sur le nouveau système hiéroglyphique de MM. Spohn et Seyffarth par J. J. Champollion le Jeune. Florence chez Guil. Piatti. MDCCCXXVI. 23. pp. 8.

le confesse, à entraîner les esprits de ceux, qui, se bornant à une lecture rapide, n'examinent pas à fond l'objet, et se rangent ainsi du côté de M. Champollion devenu juge dans sa propre cause. Il faut cependant observer, que la plupart de ses argumens s'appuient sur des erreurs de fait, et que le reste ne conclut rien pour la décision de la question. En effet les raisons, que M. Champollion nous oppose, sont si légères, que je pourrais y souscrire sans aucun préjudice pour le fond de notre doctrine. Quant à un certain ton d'assurance et de supériorité, qu'on remarque dans sa brochure, j'aime à le mettre sur le compte du grand nombre d'années, qu'il dit avoir consommées dans l'étude des hiéroglyphes. Car en nous appliquant long-tems aux mêmes pensées, l'erreur prend de plus en plus à nos yeux la couleur de la vérité, l'incertain nous paraît démontré, et notre intelligence finit par repousser les opinions d'autrui, qui sont contraires aux nôtres. M. Spohn et moi nous nous sommes livrés à l'étude de la Litérature Egyptienne, non pendant quinze ans, mais dix ans seulement, je ne saurais donc me croire le droit de me servir, en lui répondant, du même language qu'il a employé contre nous.

Il s'agit avant tout de relever les points, sur lesquels l'auteur s'est évidemment trompé. Car toute notion fausse, qu'elle soit plus ou moins importante, sert toujours soit directement, soit par les conséquences, qu'elle entraîne, à retarder au moins le succès et le triomphe de la vérité, quand même elle ne peut pas l'empêcher pour toujours. La brochure de M. Champollion, beaucoup plus répandue que mes écrits sur les hiéroglyphes, pourrait donc, si je gardais le silence, donner lieu aux préventions les plus fausses sur mon défunt ami M. Spohn. Et voilà pourquoi, hésitant entre la paix et la guerre, j'ai crû devoir me décider à entrer en lice contre notre adversaire. Car j'aimerais à être en paix avec tous les gens de bien, et avec tous les amis de la vérité. Aussi suis-je disposé à me flatter que cette discussion ne troublera en aucune façon mes relations amicales avec M. Champollion, d'autant plus, que ce n'est ni pour moi ni contre lui, que je combats, mais uniquement pour la vérité et contre l'erreur.

„J'espérais surtout, dit M. Champollion, que les Erudits et le grand nombre des personnes, qui ne s'occupent qu'occassionellement de cette branche d'Archéologie, sauraient bientôt ce qu'on devait attendre du système des MM. Spohn et Seyffarth, en apprenant, que ces deux savants ayant publié la *lecture* et la *traduction* d'un manuscrit Egyptien du Cabinet de Paris, le texte grec de ce même manuscrit, découvert à Londres par M. le Docteur Young, ne confirme sur *aucun* point la version des deux Savants Allemands, circonstance, qui démontre évidemment la fausseté des principes fondamentaux de leur méthode." [2]) L'auteur n'ayant point comparé la *lecture* et la *traduction* du papyrus en question données par feu M. Spohn avec le texte de la version grecque, je crains, qu'il n'ait puisé ce conte dans le rapport d'un ami peu sincère, ou bien dans quelque relation écrite de mauvaise foi. Nous avons vu en effet récemment dans un Journal litéraire un Article, où l'on rapporte entre autres choses, que j'avais lu dans un papyrus démotique un hymne au soleil (où M. Seyffarth a lu un si bel hymne au soleil), mais que malheureusement il s'était trouvé une traduction grècque du même papyrus, qui faisait voir que ce manuscrit Egyptien ne contenait nullement un bel hymne au soleil, mais un simple contrat entre des particuliers. D'après cela, dit l'auteur, rien de plus évident, que la fausseté de mon système sur les hiéroglyphes [3]). Je ne saurais en vérité conjecturer dans quelle source a été puisé tout ce qu'on vient de lire, à moins qu'on ne le rapporte à un passage qui se trouve dans un autre cahier antérieur du même Journal, et où l'on trouve bon de dire entre autres, que j'avais soutenu, que l'Ecriture Egyptienne ne pouvait s'expliquer, que par la langue Arménienne, et que j'avais lancé les découvertes de M. Spohn dans le monde savant comme un sujet de triomphe de l'Allemagne sur la France [4]). De quels moyens insidieux ne se sert-on pas pour faire du tort à mon système, parce qu'il est contraire à celui de M. Champollion! Jamais je n'ai eu la

---

2) Pag. 6.
3) No 8. 1826. A. p. 97.
4) No. 10. 1825. p. 282.

pensée de célébrer un pareil triomphe, ni d'exciter la jalousie et la rivalité entre deux nations; au contraire j'ai exprimé très-clairement dans ; la même vie de M. Spohn, ce que je pense de la patrie des Savants. La petite et faible troupe des hommes voués aux sciences n'a en effet point de patrie; ou pour mieux dire, leur patrie est cette vaste et immense sphère de la science, dans laquelle chacun travaille pour sa part à porter le flambeau du savoir sur quelque point d'une utilité générale, où chacun fait part à tous de chaque notice qu'il a découverte ou rectifiée, cherchant à la faire passer de l'étroite enceinte de son cabinet dans le commerce de la vie, et dans l'usage commun. Voilà cependant un reproche un peu grave, qu'on me fait, en affirmant que d'après mon système sur les hiéroglyphes, on pourrait lire un hymne au soleil sur un papyrus, qui ne contiendrait qu'un contrat. Je viens donc inviter publiquement l'auteur de cette assertion bien connue, qu'il veuille bien faire voir sans délai, sur quoi elle se fonde. Et s'il ne réussit à constater au plutôt devant le public, que j'aie, dans un écrit quelconque, converti un simple contrat en un bel hymne au soleil, dans ce cas-là je lui laisserai le soin de se laver de la manière qu'il jugera à propos, du soupçon de calomnie ou du moins de légèreté, qui atteindra sa personne, et je laisserai juger le public de ce qu'on doit penser d'un journal littéraire, qui approuve de pareilles fables, les reçoit et les répand avec l'apparence de l'authenticité dans le monde littéraire. Mais ne nous arrêtons pas trop à une misère, d'autant plus que le Savant français ne semble s'être trompé qu'en soutenant, que j'avais composé moi-même l'hymne au soleil dont il est question. Au reste tout cela ne regarde pas M. Champollion, puisqu'il a accusé ni M. Spohn ni moi seul, mais tous les deux ensemble d'avoir présenté au public une lecture et une traduction d'un papyrus conservé à Paris, qui ne seraient confirmées sur aucun point par la version grècque découverte plus tard du même papyrus.

Il s'agit maintenant d'examiner, si M. Spohn, qui d'après le titre de son ouvrage a traduit ce papyrus Parisien, aurait en effet trouvé dans son texte Egyptien un autre sujet, qu'il n'aurait fallu y reconnaître d'après le papyrus, ou les papyrus grecs qui y répondent. Car nous avons deux papyrus, l'un d'Anastase [5]), l'autre de Grey, le premier se rapportant au commencement, et l'autre à la suite de la même pièce, de sorte qu'ils peuvent être considérés ensemble comme une traduction du papyrus Egyptien. J'ai moi-même affirmé ailleurs, que la lecture et la traduction faites par M. Spohn, que j'ai publiées, ne sont pas parfaitement correctes [6]). Car l'Auteur n'ayant eu qu'une copie inexacte de ce papyrus, et n'ayant employé qu'une heure de travail à la lecture et à la traduction, qui n'étaient encore destinées qu'à son usage particulier et nullement à la publicité, il n'est pas étonnant, qu'il se trouve dans son travail un certain nombre de lettres, qu'il aurait aisément corrigées à un second examen. Ce qui se rencontre d'imparfait ou d'erroné doit donc être attribué à la copie faite par un dessinateur peu versé dans les lettres Egyptiennes que M. Spohn avait sous les yeux. Quoiqu'il en soit, presque tout ce que M. Spohn a lu dans le papyrus Parisien, est en parfaite harmonie avec le texte grec. Il a trouvé au commencement de ce document les noms propres suivant: *Ptolomaeus, Cléopatra, Ptolomaeus, Cléopatra, Alexandrus, Berenice, Arsinoë, Arsinoë, Ptolomaeus etc. Cléopatra etc. Arsinoë etc.* comme on les lit aussi de suite dans le texte grec. Après les noms se trouvent dans ce texte les paroles: βασιλευοντων και ἀδελφης, ... θεων ἐπιφανων, και ἐφ' ἱερεως... Et M. Spohn lit de même: *mboro* regis, *emn* et, *hsnt* sororis, *hschne* natorum, *hnoeoi mini emn nueh*, Deorum illustrium et Sacerdote [7]). Le premier mot du papyrus, écrits en grandes lettres, est composé de manière à indiquer d'une part le sujet de ce document, *teuen, actum publicum*, et de l'autre la date, *nasp annum* (comme le mot ἔτους de la version grècque). M. Spohn s'est attaché à la première signification, et j'ai trouvé la seconde. Quant aux nombres qui suivent, et que M. Spohn

---

5) Boeckh Erklärung einer Aegyptischen Urkunde etc. Berlin 1821.

6) Vid. Spohn. De lingua et literis veterum Aeg. P. I. p. 37 seq. Col. XV.

7) Je rapproche ici quelques mots, ainsi que M. Spohn les a lus et rectifiés, quand il a eu l'original sous les yeux.

a désignés différemment, on peut aujourd'hui mieux s'y reconnaître [8]). Après les noms du Roi et de la Reine se trouve le catalogue suivant des Lagides: και θεων σωτηρων, και θεων αδελφων, και θεων ευεργετων, και θεων φιλοπατορων, και θεων επιφανων, και θεων φιλομητορων, και θεου ευπατορος. Et M. Spohn présente la même liste en écrivant: *hnooê nsont, hnooê sne, hnooê pschaée, hnooê mêérsjone, hnooê mêîni, hnooê mêêmone, noo npiersjout.* Viennent ensuite les titres des prêtresses: ἀθλοφορου de *Bérénice* ἐνεργετιδος, et κανηφορου d'*Arsinoë* φιλαδελφου; ce qui se lit aussi en Egyptien: *hefiêe che, nên chme, peschaeêo,* et, *hefiêe pepou nue nte,* c'est à dire: *qui porte une couronne d'or* etc. Il s'est élevé parmi les Savans la question, pourquoi Ptolomée VII. avait été appelé Physcon chez les Egyptiens. Et M. Spohn a résolu cette difficulté en remarquant, que le mot *Physcon* répond à l'expression Egyptienne *mêê ot rome* c. à d. *qui aime l'embonpoint chez les hommes.* Le papyrus grec appela les deux personnes principales, qui paraissent dans le contrat, χολχυτας: et les mots *chê nho rpièo* ont le même sens; c. à d. qui *sont présents aux temples*, ou mot à mot ὢν *ad faciem templorum;* comme trouva M. Spohn. Sur les revers du papyrus de Paris se trouvent dix-huit lignes, qui d'après M. Spohn, contiennent les noms des témoins. On lit en effet la première ligne: *npêe nh methrue* c. à d. *Témoins constitués*, et le quatorzième témoin, qui était grec, se nomme, d'après M. Spohn, Antimaos fils d'Antigènes. Ceci s'accorde aussi parfaitement avec notre papyrus grec, qui après l'acte même rapporte les noms de seize témoins, avec le mot μαρτυρες au commencement de cette liste, et qui nomme également le quatorzième témoin ἀντιμαχον ἀντιγενους. Au surplus tout ceci reçoit une nouvelle confirmation par l'idiome Copte, où l'on trouve les mêmes mots, ou du moins les mêmes racines, que M. Spohn a découverts dans son ancien document, comme le prouvent les exemples suivans:

---

[8]) Nous devons une connaissance plus parfaite des chiffres Egyptiens à la sagacité de M. le Chev. de St. Quintin. V. Saggio sopra il systema etc.

Lecture de M. Spohn.	Racine copte.	Signification.
methre	methre	testis
pê	pa	ponere
enpiêo	erpieu	templum
ho	ho	facies
chê	chê	esse
rome	romi	homo
ot	ot	adeps
mêi	mei	amare
nte	ǹte	$\tau o v$, $\tau\eta\varsigma$.

et ainsi de suite.

D'après ce que l'on vient de voir, il me semble au moins, qu'il ne se trouve pas de bel hymne au soleil dans ce que M. Spohn a lu dans le manuscrit Egyptien, et je ne conçois pas, comment M. Champollion a pu si aisément ajouter foi à des assertions étrangères. Mais venons-en aux conséquences; M. Champollion et ses partisans de ce fait allégué par eux, que moi, ou M. Spohn ou tous deux ensemble, nous avions publié une traduction erronée d'un texte Egytien, tirent la conclusion, que notre système sur les hiéroglyphes est faux, et que celui de M. Champollion, parcequ'il est contraire au nôtre, doit être parfaitement conforme à la vérité [9]). Or le contraire étant démontré, il nous est donc permis d'en tirer de notre côté la conclusion suivante. Un système quelconque sur les hiéroglyphes, par lequel on a trouvé dans un monument Egyptien les mêmes termes et le même sens que présente la version grècque de ce texte découverte plus tard, doit être regardé comme fondé en raison et en vérité. Et puisqu'il en est ainsi de notre lecture et de notre traduction du papyrus Parisien, qui est conforme à la traduction grècque du même monument, autant qu'elle en est la traduction, il s'ensuit que notre système est vrai, et que certaine autre théorie tout à fait différente de la nôtre, et dont il serait résulté une tout autre explication du papyrus en question, est nécessairement fausse, et, pour me servir des paroles de M. Champollion,

---

9) Lettre de M. Ch. p. 17.

„si non nuisible, du moins inutile pour la science [10]." „Toutes les inscriptions bilingues, dit M. Champollion, c'est à dire toutes les inscriptions Egyptiennes accompagnées de leur traduction grècque et rapportées d'Egypte depuis ces quatres dernières années, contredisent expressément le système de M. Seyffarth, qui ne leur est applicable dans aucune de leur parties [11]." Voilà la seconde erreur de fait à laquelle M. Champollion s'est livré en combattant notre système. Nous ne dirons plus rien du papyrus de Paris dont nous venons de parler. Je ne ferai pas non plus mention des autres inscriptions bilingues que nous avons expliquées, et qui viennent à l'appui de notre doctrine sur les hiéroglyphes; arrêtons-nous à l'Inscription de Rosette. Car aucune autre inscription bilingue n'est aussi décisive, et aussi propre que celle-là à constater la valeur d'un système hiéroglyphique; d'abord parcequ'elle contient près de 3000 mots, et puis par la raison que le texte grec présente en effet, ainsi qu'il en rend lui-même témoignage à la fin, la véritable traduction de l'Egyptien. Or voici comment nous avons expliqué cette Inscription. M. Spohn a découvert les vingt cinq lettres, dont se composait, d'après le témoignage des anciens, l'alphabet Egyptien. C'est avec ce simple alphabet, que M. Spohn est parvenu à lire tout le texte démotique de l'Inscription de Rosette, à le prononcer, à pouvoir le rendre, à le suivre, pour ainsi dire, avec les lettres latines. Ce texte Egyptien traduit à l'aide de la langue Egyptienne ou Cophte répond mot pour mot au texte grec.

Lorsqu'après cela on entoure ces vingt cinq lettres de leurs ornemens à la manière hiéroglyphique, ou que l'on considère les figures hiéroglyphiques de l'Inscription de Rosette

---

[10] Il est vraiment étonnant, que les Auteurs des articles sur M. Spohn et moi, que nous venons de voir, gens de mérite d'ailleurs, puisqu'ils s'occupent de la recherche de la vérité, n'aient pas rougi de soutenir des contrevérités et des faussetés aussi palpables. Mais ce n'est pas la première fois qu'ils ont cherché à soutenir leur cause par de semblables moyens. V. les annales litéraires de Pise en 1825, où le Chev. de St. Quintin, a publiquement relevé de pareilles libertés.

[11] Ib. p. 6.

comme des lettres démotiques ornées, on trouve encore dans le texte hiéroglyphique les mêmes mots que dans le démotique, et le même sens, que dans le texte grec. Et la preuve en est aisée à donner, puisque notre lecture et notre traduction de l'Inscription de Rosette sont publiées depuis long-tems. Je soupçonne au reste, que M. Champollion a ignoré que le morceau de l'ouvrage de M. Spohn traitait de l'Inscription de premier Rosette, parceque l'on n'avait pas spécialement indiqué, quels étaient les monumens, auxquels se rapportaient les quinze commentaires de M. Spohn. Mais quant à l'assertion, que l'Inscription de Rosette confirme le système de M. Champollion, je n'y comprends absolument rien ; puisque ni M. Champollion même, ni d'autres savants n'ont pas encore réussi à expliquer d'après ses règles, une seule ligne de cette Inscription, qui est, pour ainsi dire, la pierre de touche des systèmes hiéroglyphiques.

C'est avec tout aussi peu de fondement que M. Champollion fait à notre système hiéroglyphique le reproche d'être construite tout à priori, se trouvant, comme il dit, en opposition avec les monumens, et les auteurs de l'antiquité. „Les Rudimenta hiéroglyphices de M. Seyffarth, dit-il, renferment une brièfe dénonciation des bases fondamentales de son système, sans que l'Auteur ait jugé à propos d'y joindre les citations d'autorités anciennes ou de faits monumentaux, desquels il aurait déduit ses principes. Le savant Allemand a donc construit son système *à priori* [12]). „Personne n'ignore, que presque tout ce que nous connaissons de l'opinion des anciens sur l'écriture des Egyptiens, est fondé sur le témoignage de Clément d'Alexandrie. Or cet Auteur parle de deux espèces d'hiéroglyphes, les uns διὰ τῶν πρώτων στοιχείων, les autres symboliques. Cette distinction se trouve aussi dans mon ouvrage. Dans le genre symbolique Clément d'Alexandrie distingue trois manières de former les hiéroglyphes. La manière *mimétique*, *tropique* et *allégorique*. Mes *Rudimenta* établissent la même division. C'est ainsi que ma doctrine a

---

[12]) Ib. p. 8. et 9.

pris sa source dans celle de Clément. Outre Clément nous trouvons des observations particulières sur l'écriture hiéroglyphique dans Hérodote, Plutarque, Eusèbe, etc. Et loin d'omettre ces passages et ces témoignages si importans, je les ai cités en toute occasion, en y rapportant mes observations [13]). Enfin il se trouve à la fin de mon système une dissertation toute entière sur le passage classique de Clément d'Alexandrie. Quant aux monumens Egyptiens, nous allons voir si j'ai négligé de fonder ma doctrine sur cette base. Après avoir découvert l'Alphabet originaire des anciens Egyptiens, M. Spohn fut aussitôt en état d'expliquer toutes les écritures démotiques. Et ayant rencontré des passages écrits d'une part en lettres démotiques, et de l'autre en lettres hiératiques, il se trouva de même en possession de la clef de l'écriture hiératique. Enfin pouvant déjà lire les écritures hiératiques et démotiques, j'ai eu le bonheur de trouver des textes entiers écrits en même tems en caractères hiéroglyphiques et hiératiques, et il m'est même tombés entre les mains différents manuscrits présentent comme autant d'exemplaires du même ouvrage, écrits les uns en caractères hiéroglyphiques, et les autres en lettres démotiques et hiératiques. Notre système est donc le résultat des monumens mêmes de l'ancienne Egypte comparés entre eux, savoir les démotiques avec les hiératiques, les hiératiques avec les hiéroglyphiques, et les hiéroglyphiques avec les démotiques; comparaison, qui a été complétée en rapportant les uns avec les autres plusieurs textes hiéroglyphiques, plusieurs démotiques, et plusieurs hiératiques de la même teneur. Rien ne saurait en effet être déduit plus positivement *à postériori*, comme l'on dit, que notre doctrine hiéroglyphique, qui suit mot à mot celle de Clément d'Alexandrie et des autres auteurs anciens, et qui s'appuie, par une démonstration, pour ainsi dire, mathématique, sur les monumens de l'écriture Egyptienne. Au reste tout ceci se trouve formellement expliqué dans mes *Rudimenta Hieroglyphices* [14]).

---

13) Conf. Rud. p. 12. n. 36. p. 16. n. 41. p. 18. n. 46. p. 41. n. 100. al.
14) Praef. p. III. seq. Rud. p. 85. 90. 92. al.

M. Champollion s'est également trompé en soutenant, que, d'après notre système, il ne se trouverait rien de symbolique dans l'écriture hiéroglyphique des Egyptiens [15]). Les exemples qu'il cite, n'appartiennent point en effet au genre symbolique, mais à un autre ordre. Car qui croira jamais, que pour désigner un prêtre on ait employé comme symboles un cothurne et une grenade? tandis que nous reconnaissons dans ces figures le mot Uêh ou Uêp répondant au Cophte Uêb, sacerdot. Il faut avant tout se rendre compte, comme M. Champollion ne paraît pas l'avoir fait encore de ce que c'est que des hiéroglyphes. Γραμματα ἱερογλυφικα, d'après le sens même et la composition du mot, étaient des gravures et des signes de tout genre, dont on se servait pour indiquer les notions des choses sacrées chez les Egyptiens. C'est donc au genre des hiéroglyphes, qu'appartiennent tous les signes et les peintures, qu'on remarque dans le papyrus, sur les steles, les obélisques, les murs des temples, et autres monumens, qui ne font pas partie du texte grammatical, tels que les représentations des Dieux, et de leurs attributs, d'animaux, de choses, et de cérémonies réligieuses, de faits historiques, et d'autres objets semblables. [Nous trouvons un autre argument à l'appui de cette remarque dans la circonstance, que] ces [mêmes] allégories contiennent des mots entiers, et mêmes des prières entières. Tels sont pour la plupart ces hiéroglyphes symboliques, dont parlent Clément d'Alexandrie, Hérodote, Diodore de Sicile, Eusèbe, Plutarque, Porphyre, Jamblique, Ammien Marcellin et d'autres. D'ailleurs il y a beaucoup de mots, qui sont écrits de manière, que les figures employées, ou arrangées particulièrement dépeignent pour ainsi dire, et représentent aux yeux l'idée qu'elles expriment. C'est ainsi que la lettre *e* du mot *ine*, *image*, est rendue par la figure, l'image d'un homme. D'autres compositions sont plus énigmatiques. Le mot *Ramese* qui est le surnom commun à beaucoup de rois Egyptiens, s'écrit d'autant de manières diverses, qu'il y a eu de rois ainsi surnommés, comme on le

---

14) Lettre p. 9 — 12.

voit par la table d'Abydos. Les différentes parties de l'Egypte sont distinguées entre elles d'une manière semblable [16]). L'Egypte inférieure, qui commandait au reste, est écrite avec un thrône, un oeil, et une hache. La partie limitrophe à celle-là s'écrit avec un thrône, la figure d'une montagne, et d'un lac, et une femme assise. Enfin l'Egypte supérieure, origine du Nil et de la Réligion, est marquée par la figure d'une patère, et d'un temple. L'Oasis s'exprime par un vautour symbole de la vie d'après Horapollon placé au milieu d'un quarré, symbole du désert sablonneux. Quoique ces compositions hiéroglyphiques se prononcent toutes *Cheme* qui répond au mot Cophte *Chême, Aegyptus*, elles se trouvent quelquefois placées auprès des figures des Dieux. Le nom de l'Egypte inférieure se place auprès de l'image d'Osiris, non que le thrône, l'oeil et la hache signifient Osiris, comme l'imagine M. Champollion; mais parce que Osiris est le Dieu tutélaire de sa province, ou de son *Nomus* [17]). Car le nomus Busiris ou Osiris se trouvait dans l'Egypte inférieure. Le nom de la partie de l'Egypte,

---

16) Rud. p. 40. al.

17) M. Champollion croit encore, que ce groupe de figures d'un thrône avec un oeil et une hache signifie Osiris, et non l'Egypte, et que le nom, que je lis pour Osiris, c. à d. Osérès n'est qu'un simple titre, qu'on donnait aux morts de tout sexe et de tout âge. L'Inscription de Rosette n'écrivant pas le nom de l'Egypte de la même manière, il dit: „Cela ne prouverait-il point, que le savant Allemand se méprend sur la valeur de ce groupe comme sur celle de tant d'autres"? Mais l'Inscription de Rosette parlait de l'Egypte entière; elle devait donc employer le nom, qui appartient à toute l'Egypte, tel qu'il se trouve L. XIV. du texte hiéroglyphique. Au surplus, M. Champollion peut se convaincre maintenant par son propre livre (Lettre II. relat. au Musée de Turin. tabl. VI. L. II. Chap. 5.) que notre mot Osiris n'est pas un simple titre appartenant aux morts; car dans cet endroit un Roi Egyptien tout vivant et régnant est appelé de ce nom. Encore serais-je prêt à me ranger à l'avis de l'Auteur, s'il avait montré par un raisonnement probable quelconque, pourquoi et comment ces six figures forment un titre pour les morts de tout sexe et de tout âge. Au reste M. Champollion pourra se convaincre par l'Inscription même de Rosette, que les noms hiéroglyphiques et hiératiques d'Osiris et de l'Egypte sont écrits presque de la même manière en lettres démotiques. Il se convaincra ainsi, que le thrône, l'oeil, et la hache ne signifient point Osiris, et que notre Osérès n'est pas un simple titre donné aux morts.

où était le célèbre *Iséum*, se trouve de même sur les images d'Isis. Il eût été ridicule d'ajouter le nom de la Déesse même à son image suffisamment caracterisée. Ainsi quand même l'écriture hiéroglyphique serait toute symbolique, comme le veut M. Champollion, on voit qu'elle ne pourrait cependant pas être expliquée sans la clef, que donne notre méthode grammaticale. Au reste voici en quoi notre doctrine sur les hiéroglyphes diffère surtout de celle de M. Champollion. Le savant Français cherchant un sens tantôt dans une figure seule, tantôt dans une groupe de figures, et en formant soit des substantifs, soit des adjectifs, soit des verbes, soit des adverbes, soit enfin de véritables lettres à la manière de *Kircher*, compose ensuite de ces élémens un texte quelconque et croit ainsi avoir trouvé ce que l'écrivain a voulu transmettre à ses lecteurs. Car telle est la méthode de *Kircher*, qui ne prend pas, comme nous, chaque figure hiéroglyphique pour une lettre, mais toutes pour autant de mots. Nous lisons au contraire les écrits hiéroglyphiques d'après la methode grammaticale, et nous examinons ensuite, si peut-être l'un ou l'autre mot outre la signification grammaticale présenterait un sens symbolique.

La brochure de M. Champollion traite avec la même inexactitude, pour ne pas me servir d'un terme plus fort, notre calcul du nombre des hiéroglyphes. Qui a jamais pu affirmer et soutenir sérieusement qu'il y ait 675000 lettres Egyptiennes, et 6000 figures hiéroglyphiques [18])? Car quoique j'aie compté un peu plus de figures que M. Champollion, qui dans l'espace de quinze ans n'en a trouvé qu'entre 800 à 900; je suis cependant encore loin d'être arrivé au nombre de 6000 caractères hiéroglyphiques divers. Au reste mon assertion, que les hiéroglyphes sont en très-grand nombre, ne se rapporte point aux figures, mais aux lettres. Car les lettres hiéroglyphiques contenant les lettres hiératiques, et celles-ci, lorsqu'une seule figure ne peut pas les contenir, étant souvent exprimées par deux ou trois figures réunis; les mêmes parties des lettres hiératiques pouvant se dessiner, et s'orner différemment; enfin, ce qui est plus important, la diversité

---

18) Lettre p. 14 et 15.

des époques et des localités donnant lieu à une grande variété dans tous ces points; il en résulte, que les lettres hiéroglyphiques proprement dites, sont beaucoup plus nombreuses que les lettres hiératiques; ainsi que je l'ai fait voir en détail dans mon tableau alphabétique. Quant aux formules analytiques, que l'on trouve dans ce chapitre de notre système, elles n'appartiennent pas à M. Spohn, comme l'on lit, mais à moi seul, qui m'en suis servi non pour prouver qu'il y eût 675000 lettres Egyptiennes, mais pour donner plus de clarté à mon opinion sur l'origine des hiéroglyphes. La réputation de M. Spohn demeurera à jamais pure et sans tâche par de telles assertions. Au reste pour peu que M. Champollion eût approfondi les principes de notre système hiéroglyphique, il n'aurait pas même pu songer à soutenir, que j'avais voulu parler aussi des lettres démotiques ornées.

„Les deux Savants, dit M. Champollion, ont eu le malheur de travailler au déchiffrement des écritures Egyptiennes, non d'après des *textes originaux* inscrits sur des stèles, des momies, des bas-reliefs, des papyrus etc. etc., mais seulement d'après des *dessins* et des *gravures* d'inscriptions exécutés en Europe par des artistes, qui expriment seulement ce que leurs yeux inhabiles croyaient y apercevoir [19]." Le savant Français n'a donc pas lu les passages, où j'ai dit, que M. Spohn avait eu chez lui des papyrus Egyptiens originaux tout entiers, qu'il avait examiné en personne un nombre infini d'autres monumens; il paraît ignorer aussi, que moi-même j'avais écrit un ouvrage sur tout un Musée Egyptien avant de faire paraître ma théorie hiéroglyphique [20]. J'admets comme certain, que M. Champollion est dans l'ignorance sur ce dernier point, puisqu'il commence ainsi sa brochure: „Les deux ouvrages publiés par M. Seyffarth sur les écritures Egyptiennes sont venus à ma connaissance etc." Au reste il ne s'agit pas de compter les livres. Qu'il me soit permis d'ajouter, que la seule chose, que je ne com-

---

[19] Ib. p. 16.
[20] V. Spohn Aeg. p. VI. XV. Vita Sp. p. 32. 50. al.

prends pas, c'est, que M. Champollion ait pu écrire avec tant d'assurance et de confiance contre notre système sur les hiéroglyphes, sans avoir lu ou compris les ouvrages, dans lesquels cette doctrine est exposée.

Voilà les erreurs dans l'examen critique de notre système, qu'il fallait d'abord relever parmi tant d'autres, que nous negligeons [21]. La lecture et la traduction données par M. Spohn d'un papyrus Parisien ne sont point en opposition, mais en accord parfait avec la traduction grecque du même papyrus trouvée plus tard. Les Inscriptions bilingues et particulièrement celle de Rosette, ne démentent pas notre système sur les hiéroglyphes; elles le confirment au contraire. Notre doctrine n'a pas été construite *à priori*, mais à postériori, c. à d. qu'elle est fondée sur les monumens Egyptiens et les passages des anciens; l'écriture hiéroglyphique des Egyptiens, d'après notre théorie n'est pas seulement grammaticale, mais aussi symbolique; loin d'être en contradiction, notre système est d'accord avec la doctrine de Clément d'Alexandrie et des autres anciens. Les lettres Egyptiennes ne sont pas au nombre de 675000, mais de *vingt cinq*; et nous n'avons pas compté 6000 figures hiéroglyphiques, mais seulement quelques unes de plus, que les 850 de M. Champollion. Enfin notre système hiéroglyphique ne s'appuie pas sur des copies fausses et inexactes, mais sur les originaux Egyptiens mêmes. Il y a trois ennemis de la vérité: l'erreur, la paresse, et la mauvaise volonté. Nous n'avons eu à faire jusqu'ici qu'à l'erreur, et non à M. Champollion. Il nous reste maintenant à examiner les raisonnemens, que l'on oppose à notre doctrine.

---

21) Ainsi la brochure en question m'accuse p. 13. n. 1. d'une inexactitude, pour avoir omis un signe dans le nom de Cléopatre, dont je me suis servi dans mes *Rudimenta* p. 8. n. 10. en réfutant le système de M. Champollion. Qu'il veuille bien ouvrir Young (Discoveries p. 122.) au deuxième nom, et il retractera sans doute ces paroles: „le savant Allemand en croyant copier exactement a omis par inadvertance le signe, qui figure une main." A cette occasion bien d'autres lui demanderont ainsi que moi, qu'il veuille bien nous indiquer où se trouvent les originaux de ce qu'il a donné dans ce genre au public. J'ai remontré des monumens Egyptiens que le savant Français paraît avoir décrits peu exactement, comme je pourrais le démontrer.

Les argumens, que la brochure de notre adversaire fait valoir contre nous, se réduisent à peu près aux suivans:

I. La plupart des anciens attestent, que l'écriture hiéroglyphique des Egyptiens a été toute symbolique [22].

II. Il est conforme à l'ordre naturel des choses, que l'écriture alphabétique ait pris son origine de l'écriture symbolique ou hiéroglyphique [23].

III. Il n'est guère croyable que les Egyptiens se soient servis d'un beaucoup plus grand nombre de lettres, que les autres peuples [24].

IV. Il n'est pas probable, que les mêmes figures hiéroglyphique aient eu plusieurs acceptions différentes [25].

V. La langue, que nous avons trouvée dans les anciens écrits des Egyptiens n'est pas tout à fait la langue Cophte [26].

Il est clair, que nous pourrions accorder tout cela sans préjudice pour le fonds de notre système. Convenons donc que la plupart des anciens aient eu une opinion différente de la notre sur les hiéroglyphes; que l'écriture alphabétique soit née de la symbolique, qu'il y ait eu moins de formes de lettres en usage chez les Egyptiens que nous ne l'avons supposé; qu'il y en ait aussi eu moins, qui eussent une double signification, et que nos lectures pussent se conformer davantage avec la langue Cophte. Croira-t-on pour cela, que notre doctrine hiéroglyphique, qui s'appuie sur des bases bien plus solides en soit ébranlée. Qu'il nous soit permis de rapporter ici le résumé de notre théorie. Mettons en regard pour plus de clarté les propositions de M. Champollion. Quant à la définition du mot hiéroglyphe, on appelle ainsi, dans le sens le plus étendu, toute écriture Egyptienne soit démotique, soit hiératique, ou proprement hiéroglyphique; dans un sens plus restreint, c'est l'écriture qui consiste en images; enfin dans le sens le plus restreint c'est la partie symbolique de l'écriture Egyptienne. Il est essentiel de distinguer soigneusement ces différentes notions dans la brochure de M. Champollion.

---

22) Lettre p. 11. — 23) Ib. p. 17. — 24) Ib. p. 17. — 25) Ib. p. 18. — 26) Ib. p. 19.

Système de MM. Spohn et Seyffarth.	Système de M. Champollion.
A.	
1) La langue dans laquelle sont écrits les monumens des anciens Egyptiens, est le Cophte ancien.	1) La langue dans laquelle sont écrits les monumens des anciens Egyptiens, est le Cophte moderne.
2) La langue ancienne des Egyptiens appelée ensuite langue sacrée par les anciens diffère de notre langue Cophte d'aujourdhui soit dans les mots, soit dans les formes grammaticales, soit par la syntaxe, qui portent le caractère de l'antiquité.	2) . . . .
B.	
1) L'écriture démotique consiste en 25 lettres ainsi que le rapporte Plutarque; de ce nombre 22 sont les lettres des Phéniciens, qui selon le témoignage des anciens ont inventé les lettres. Les trois autres ont été ajoutées plus tard, au rapport d'Eusèbe, par un prêtre nommé *Isiris*.	1) L'écriture démotique se compose des figures hiéroglyphiques abrégées ou réduites hiératiquement, et ensuite démotiquement. Mais dans les écrits démotiques on ne trouve pas toutes les 850 figures hiéroglyphiques.
2) L'écriture démotique est alphabétique, on peut cependant l'appeler symbolique autant qu'elle groupe les lettres d'après de certaines règles.	2) L'écriture démotique est un *peu moins symbolique* que l'écriture hiératique.
3) L'écriture hiératique est formée avec les lettres démotiques ornées et plus élégamment dessinées.	3) L'écriture hiératique est formée avec les *figures hiéroglyphiques* moins abrégées que dans l'écriture démotique.

2 *

Système de MM. Spohn et Seyffarth.	Système de M. Champollion.
4) L'écriture hiératique est *grammaticale*, on peut l'appeler symbolique autant qu'elle groupe les lettres d'après de certaines règles.	4) L'écriture hiératique est un *peu moins symbolique* que l'écriture hiéroglyphique [27]
5) L'écriture hiéroglyphique se compose des lettres *hiératiques* ornées et plus élégamment dessinées.	5) L'écriture hiéroglyphique se compose de figures d'objets de la vie commune, dont on se servait pour exprimer symboliquement les pensées, avant que l'écriture alphabétique fut inventée.
6) L'écriture hiéroglyphique est en général *grammaticale*.	6) L'écriture hiéroglyphique est en général *symbolique*; c. à d. en partie mimétique, en partie symbolique.
7) L'écriture hiéroglyphique est *symbolique*, c. à d. comme le marque Clément d'Alexandrie ou mimétique, ou tropique, ou allégorique, en tant que les mots outre l'explication grammaticale en admettent une autre symbolique, et que les figures hiéroglyphiques se rapprochent de la peinture.	7) Dans l'écriture hiéroglyphique il n'y a d'*alphabétique*, que quelques noms propres exprimés soit en lettres, soit ensemble en lettres et en symboles, et quelques autres mots et formes grammaticales.

---

[27] M. Champollion changea cette opinion dans la pratique; puisque dans des écrits plus récens il explique de la même manière c. à d. symbolique les écritures hiéroglyphiques, et hiératiques. Et c'est avec raison. Car il y a des textes hiéroglyphiques et hiératiques, dans lesquels les mots se correspondent les uns aux autres ainsi que les lettres; d'où il suit, que si les écritures hiéroglyphiques sont en général symboliques, les hiératiques doivent l'être aussi. Il en est de même des écritures démotiques puisqu'il y a des textes démotiques et hiératiques parallèles. On devait donc dire, que dans les écritures hiératiques et démotiques il n'y a d'alphabétique, que ce qui est alphabétique dans les écritures hiéroglyphiques.

Système de MM. Spohn et Seyffarth.	*Système de M. Champollion.*
8) Pour trouver la signification alphabétique d'un hiéroglyphe, il faut chercher la lettre hiératique ou démotique renfermée dans l'image. Le son de la lettre cachée sous la figure hiéroglyphique est celui du hiéroglyphe même; un usage analogue se rencontre dans les hiéroglyphes des Arméniens.	8) La signification d'un hiéroglyphe se trouve en cherchant le nom Cophte de l'objet représenté. Le son de la première lettre du mot Cophte trouvée est le son appartenant au hiéroglyphe.
9) Souvent deux ou plusieurs figures n'expriment ensemble qu'un seul son, ce qui a lieu, lorsqu'une lettre hiératique n'a pas pu être renfermée dans le contour d'une seule figure : la même chose se trouve chez les Arméniens.	9) Jamais plusieurs figures ensemble ne peuvent exprimer un seul son; car chaque hiéroglyphe a son nom à lui ainsi qu'un son propre.
10) Souvent les mêmes signes hiéroglyphiques représentent des sons différens, lorsque des lettres hiératiques différentes, mais de forme à peu près pareille se trouvent ornées et entourées de la même manière.	10) Jamais les mêmes images hiéroglyphiques ne peuvent exprimer des sons différens; car chaque image a toujours son nom propre, comme cela se trouve chez les Phéniciens.

Ce sont là les principes de notre système hiéroglyphique, que M. Champollion, sans avoir examiné les raisons, sur lesquelles ils sont fondés, met en doute *à priori*, et pense de pouvoir abattre avec les cinq objections ci-dessus. Nous pourrions à la vérité, nous reposant sur le sentiment de notre force, dédaigner ces petits et faibles moyens d'attaque; nous allons toutefois faire voir, en peu de mots, ce qu'ils valent.

Ils est vrai, que beaucoup d'autres Grecs et Latins parlent de l'écriture symbolique des Egyptiens; mais il faudrait savoir s'ils ont entendu par là toute l'écriture hiéroglyphique en général, ou seulement le genre de hiéroglyphes, que nous reconnaissons aussi comme symbolique. Car ils n'en font mention qu'en peu de mots et en passant. Il faut s'en tenir à ceux parmi les anciens, qui ont traité de l'Egypte avec plus de détail, tels qu'Hérodote, Clément d'Alexandrie, Plutarque, Eusèbe, et d'autres, qui ont enseigné notre théorie hiéroglyphique. Mais supposons même qu'Hérodote, Clément d'Alexandrie, Plutarque, Eusèbe, et les autres se fussent trompés, et que toute l'antiquité Grecque et Latine eût pris l'écriture hiéroglyphique des Egyptiens pour symbolique, qu'est-ce enfin que cela prouverait? Les Grecs et les Latins peu informés de la langue des Egyptiens, qui leur était étrangère, s'attachèrent à l'opinion de leurs tems. Tous les auteurs depuis Homère jusqu'à Christophe Colomb ont été d'avis, que la terre était un rond, et non un globe. Tous ont affirmé jusqu'à Coperne que la terre ne tournait pas autour du soleil, mais le soleil autour de la terre. L'autorité des anciens perd son poids, lorsque des preuves plus claires et plus positives viennent la démentir. Au reste si parmi les auteurs anciens ceux qui sont obscurs et negligens, doivent être préférés à ceux, qui sont clairs et exact, il s'en faut beaucoup, que ceux-là même s'accordent avec M. Champollion, dès qu'il établit des hiéroglyphes phonétiques quoique différens de ceux que nous avons établis nous-mêmes. Ainsi donc un argument, dont M. Champollion voulut se servir contre notre système, est contraire à sa propre théorie hiéroglyphique. Il paraît sans doute conforme à l'ordre naturel des choses, qu'une espèce d'écriture symbolique ait précédé l'usage des signes alphabétiques chez les Egyptiens, et les autres nations. Mais la question est, si l'écriture hiéroglyphique des Egyptiens était cette même écriture symbolique, dans laquelle ils représentaient, autant qu'il leur était possible, par des symboles propres leurs pensées, et dont l'écriture alphabétique avait pris son origine. Les Arméniens ont aussi leurs écritures, hiéroglyphique, hieratique et démotique, qui, comme l'on sait, sont formées à imitation des écritures Egyptiennes. Or comme chez les Arméniens l'écriture hiéroglyphique dériva de l'écriture hiératique, la hiératique de la vulgaire, et celle-ci de l'écriture Phénicienne. Ainsi chez les Egyptiens l'écriture hiéroglyphique peut aussi bien avoir eu origine de l'écriture hiératique, la hiératique de la démotique, et la démotique enfin de celle des Phéniciens; c'est ce que nous avons démontré d'après l'autorité d'anciens auteurs, et avec des monumens Egyptiens originaux. En effet les Phéniciens ont répandu les dents du dragon non-seulement dans la Grèce, mais aussi en Egypte, ainsi que les anciens même en rendent témoignage. Et voilà un autre argument, que l'on vient de nous opposer *à priori*.

Si l'écriture des Egyptiens se compose de 25 lettres, on ne voit pas pourquoi il dût y être un si grand nombre de formes diverses de lettres. „Conçoit-on, dit M. Champollion, qu'un enfant dût classer dans sa mémoire plus de 200 signes arbitraires avant que de pouvoir peindre commodément un seul de 25 sons ou articulations de sa langue parlée[28])?" L'on peut encore voir ici M. Champollion se contredire lui-même. En effet l'on ne conçoit pas plus pourquoi il y aurait eu 200 signes hiéroglyphiques phonétiques que M. Champollion croit avoir déjà trouvés, et pourquoi les Egyptiens auraient exprimé un seul et même ton par des images si différentes; comme lui-même le soutient. J'ignore parfaitement pourquoi les Egyptiens ont donné tant de différentes formes à leurs lettres. Voyons. Les lettres de tous les peuples depuis l'origine de l'écriture jusqu'à l'invention de l'Imprimerie nous présentent des changemens constans. Et de même que les lettres Arabiques, Indiennes, et des autres nations ont reçu diverses formes suivant la diversité des lieux et des mots, où elles étaient employées, de même les lettres Egyptiennes ont changé, selon qu'elles se trouvaient placées au commencement ou à la fin des mots, au-dessus, ou au-dessous d'autres lettres, qu'elles précédaient ou qu'elles suivaient des lettres, dont les traits ne s'accordent pas avec leur forme ordinaire. Ainsi ma table alphabétique à laquelle M. Champollion est si contraire, contient les lettres de tout genre, de toutes les époques et parties différentes de l'Egypte. Qu'on regarde nos manu-

---

28) Lettre p. 17.

scrits ou les papyrus Grecs même écrits en Egypte et on trouvera peut-être encore plus de diversité dans la manière d'écrire les lettres Grecques, que dans les lettres Egyptiennes. En Egypte il ne pouvait pas seulement, il devait même y avoir différentes formes de lettres. La langue Egyptienne contient une foule de mots et de noms propres, qui signifient des choses différentes, et qui pourtant ne diffèrent pas entre eux par la prononciation. Pour ne pas confondre ces mots, et ces noms à la lecture, il fallait les distinguer par les lettres, ou par la forme des lettres. Après que les lettres réunies dans un seul mot à cause des signes précédans ou suivans, avaient changé tant soit peu leur véritable forme, ces lettres ainsi changées étant ornées hiératiquement, il en dérivait de nouvelles variations dans les mêmes signes. Après cela, lors qu'on attachait aux mots des notions symboliques, les mêmes lettres devaient encore être ornées, et changées en sorte qu'il en résultât des figures qui eussent une signification. Au reste, dès que l'on connaît la véritable forme des lettres, on distingue, et on retient facilement à mémoire toutes les variations soit démotiques, soit hiératiques, soit hiéroglyphiques d'une lettre quelconque, ainsi que nous l'avons démontré. Mais supposons même, qu'un tel nombre de lettres ait été trop grand pour que les enfans Epyptiens pussent les apprendre. Convenons aussi, que l'écriture Egyptienne ait été symbolique et non grammmaticale. La langue Egyptienne, qui était un des idiomes les plus cultivés et les plus riches, devait se composer pour le moins de 20000 mots, qui embrassaient les noms propres, les substantifs, les verbes, les adjectifs, les adverbes, et les autres parties du discours. Et puisque ces mots devaient tous s'exprimer symboliquement, il fallait retenir dans la mémoire 60000 signes *symboles* en partie démotiques, en partie hiératiques, et en partie hiéroglyphiques, avant que de pouvoir écrire ou comprendre couramment une seule ligne. Puisqu'il en est ainsi, revenons donc à notre simple alphabet pour l'amour des enfans Egyptiens.

Nous allons aborder l'objection la plus grave de toutes, au sujet de laquelle M. Champollion s'écrie: „**Quel Dédale** sans fin! Quel Labyrinthe inextricable!« Et en vérité, il ne paraît guère probable, que les mêmes signes hiéroglyphiques aient servi à rendre des sons différens. Nous ne ferons pas valoir ici l'exemple d'autres langues, dans lesquelles des sons différens répondent souvent à la même lettre; nous ne nous arrêterons pas non plus à faire voir, comment cela a pu se faire. Comme il se formait chez les Egyptiens beaucoup de figures de lettres, et qu'il y en avait, qui se rapprochaient les unes des autres, les écrivains de la langue sacrée (hiérogrammates) en les ornant, entouraient souvent les lettres qui se ressemblaient, d'ornemens ou d'images semblables ou même entièrement pareilles. Il suffit au reste d'un seul mot pour prouver, que les mêmes signes hiéroglyphiques ont été employés quelquefois pour des sons différens. Que l'on compare l'expression hiéroglyphique de l'Inscription de Rosette (Tab. XIII. v. 9. col. IX. Rud. hier.) avec une autre expression hiéroglyphique de la même Inscription (Rud. hier. tab. XIII. vers. 11. col. I.) dont la première signifie *Dieu*, et se prononce *noo* ou *nô*, qui correspond au Cophte *nû*, et la seconde signifie *année* (annum), et se prononce *aspo* ou *aspo* suivant la langue Cophte, comme il est clairement démontré par la traduction Grecque. Ces deux expressions contiennent chacune un hameçon: ainsi donc le même signe d'un hameçon dans le second cas signifie *s* et dans le premier *n*. Les lettres *s* et *n* hiératiques se ressemblant beaucoup entre elles, se trouvent donc entourées par des images semblables. Souvent le même hameçon, lorsqu'il signifie *s*, se distingue par une petite ligne diacritique de celui qui signifie *n*. J'ai rapporté ailleurs un grand nombre d'exemples encore plus frappans de ce procédé; et sur la fin de mon tableau alphabétique j'ai inséré la liste des hiéroglyphes d'une signification ambigüe, que j'ai trouvés jusqu'à présent. Mais puisque ce point de notre système à tant révolté l'esprit de notre adversaire, convenons encore une fois avec le système de M. Champollion. Il est clair par soi-même, que les 850 hiéroglyphes, se rencontrant dans mille divers papyrus et inscriptions, ne signifiaient pas des mots entiers. Et cela est évident.

L'Inscription de Rosette prouvera à M. Champollion, que quatre, cinq et même plusieurs signes hiéroglyphiques n'expriment ensemble qu'une seule notion. Il s'ensuit que, si nos groupes hiéroglyphiques étaient symboliques, chaque figure d'un même groupe a dû être le signe d'une note ou *philosophique* ou *historique* de l'idée, qui devait être exprimée. Or les 850 hiéroglyphes de M. Champollion se rencontrent dans différens groupes, et les idées exprimées par eux, qui n'ont aucune note commune, ont cependant communes les mêmes images hiéroglyphiques, comme on peut le voir à chaque ligne de l'Inscription de Rosette.

Donc on doit dire, que ces hiéroglyphes ont exprimé différens signes des idées. La difficulté reste donc la même. Les mêmes images hiéroglyphiques ont servi à représenter des choses différentes, soit qu'on les prenne pour des signes symboliques, ou pour des lettres, ou bien pour des signes de lettres. Je ne vois donc pas, qu'il y ait eu, pour M. Champollion, matière à se fâcher, puisque son objection se rapportait encore plus à sa doctrine, qu'à la nôtre. Car s'il est certain que les hiéroglyphes ont quelque fois une valeur ambigüe, il est au moins plus simple, de leur attribuer ce double sens à notre manière grammaticale.

Enfin on nous fait une difficulté de ce que la langue trouvée dans les monumens Egyptiens d'après notre système sur les hiéroglyphes, n'est pas entièrement le Cophte. A la verité je suis embarassé d'y répondre. On cite sept merveilles du monde; et il y en aurait une huitième, qui ferait la plus grande de toutes, si la langue Egyptienne étoit restée la même depuis deux ou trois mille ans. Tout est si mobile dans ce monde! Et aucune langue ne pouvant rester au même point seulement pendant deux siècles, surtout quand elle n'a pas un Homère, comment la langue Egyptienne aurait-elle traversé sans altération tant de siècles, et tant de révolutions, qu'a subies le pays? Les différens dialectes Cophtes et le grand nombre de mots Grecs et Latins, qui s'y sont introduits prouvent assez, que l'ancienne langue des Egyptiens était diverse du Cophte. Il ne faut pas oublier, que la langue Cophte, qui a été employée pour la traduction de l'Ecriture Sainte dans les 2e, 3e, et 4e siècles, ne nous présente pas le dialecte des savans, mais celui du peuple. Enfin le nom de *Langue Sacrée*, que les auteurs anciens même donnent à l'ancienne langue des Egyptiens, ne prouve-t-il pas, qu'elle était diverse de la langue Cophte moderne? Au reste que l'on ne croie pas que notre langue *Chamique* s'éloigne aussi entièrement du Cophte, et soit en général telle que M. Champollion a pris soin de la représenter en choisissant avec assez d'art et de calcul sept mots de notre glossaire [29]). Voyons un échantillon de notre lecture. Les mots suivans qui s'accordent parfaitement avec le Cophte sont tirés de la ligne XIV de l'Inscription de Rosette, où ils se trouvent ainsi de suite: *eÜen* $=$ eûen, *emn* $=$ emn, *sche* vel *schi* $=$ schi, *oni* $=$ oni, *nèi* $=$ nê, *nem* $=$ nem, *ment* $=$ ment, *nô* $=$ nû (te), *uinin* $=$ uinin, nê $=$ nê, *och* vel *ocheo* $=$ (?) [30]), *chème* $=$ chême, *ine* $=$ ine, *boro* $=$ puro et ainsi de suite.

Tout ce qui précède, démontre suffisamment, que M. Champollion a combattu plus contre lui-même, que contre nous, et que les cinq objections qu'il élève contre notre système sur les hiéroglyphes, loin de le réfuter, le confirment. Quelques passages obscurs et peu positifs de quelques auteurs anciens des moins accrédités ne sont pas d'un poids assez grand pour détruire et faire disparaître les témoignages les plus clairs des écrivains de la plus grande autorité, qui viennent à l'appui de notre système. Il est plus con-

---

29) Rapport à ces sept mots, il faut observer, d'abord, que M. Champollion les déduit de certaines racines Cophtes, desquelles je n'ai jamais pensé de les déduire, et ensuite, que ces mots étant écrits en Hébreu, et le savant Français n'ayant connu ni ma doctrine sur la prononciation Hebraïque, ni mon système sur la prononciation Grecque, ni les règles exposées dans mes *Rud. hier.* p. 14. n. 38., il lui est arrivé de mal rendre ces mêmes mots en lettres Latines. Ainsi la lettre *N* se prononce non-seulement *a* mais aussi *ä* et *e*; donc il fallait écrire pour *Osaras*, *Oseres* ou *Oseres*, Osiris.

30) Le mot *Ocheo*, comme on l'écrit constamment à la manière démotique, ne se trouve point dans le glossaire Cophte, qui ne contient que les mots de l'écriture sacrée, et seulement quelques-uns tirés des autres écrits des Cophtes.

forme à l'ordre des choses et à l'histoire, que l'écriture hiéroglyphique ait eu son origine de l'écriture alphabétique des Phéniciens, que d'une autre écriture symbolique quelconque. La variété des lettres Egyptiennes s'applique plus facilement d'après notre principe grammatical, que d'après le principe symbolique de M. Champollion. L'ambiguité grammaticale des hiéroglyphes est moins frappante, que l'ambiguité symbolique. L'ancienne langue des Egyptiens ne dut s'accorder avec le Cophte moderne, mais en différer par un certain caractère d'antiquité.

Si M. Champollion voulait réfuter notre système sur les hiéroglyphes, il devait s'y prendre d'une autre manière. Car avec les argumens *à priori* on gagne peu sur des faits. *A priori* on peut mettre en doute même les choses les plus démontrées telles que le mouvement de la terre et des planètes. Il fallait avant tout examiner les argumens, par lesquels est appuyé chaque point de notre système. Tel était premièrement le chapitre, où nous soutenons, que l'écriture démotique des Egyptiens eut son origine de l'écriture phénicienne; parce que les lettres de l'alphabet démotique ont le même ordre, et la même valeur, et les mêmes formes, que les lettres Phéniciennes. On devait ensuite faire voir que les témoignages formels des auteurs anciens sont faux, ou que nous les avons mal compris; tels sont les témoignages, où entre autres choses on dit, que les Egyptiens n'avaient pas un grand nombre de lettres réduites à un contour simple, mais comme les autres peuples un véritable alphabet, que l'alphabet des Egyptiens n'était pas dérivé de l'écriture symbolique, mais de l'écriture Phénicienne; que, ainsi que celui des Phéniciens il se composait de 22 lettres, et qu'ensuite à une certaine époque il avait été augmenté de trois lettres par un certain prêtre, nommé *Isiris;* que ceux, qui étudiaient les lettres en Egypte ne commençaient pas par la lecture des Hiéroglyphes ornés, mais par celles des lettres démotiques les plus simples. Et ainsi des autres, que je laisse par briéveté. Mais avec tout cela on n'aurait encore rien gagné contre nous. Nos recherches nous ont conduits au point de pouvoir lire et comprendre tous les écrits des anciens Egyptiens. Nous avons trouvé des traités de toute espèce appartenant en partie à la plus haute antiquité, et qui fourniront une moisson aussi abondante, qu'inattendue soit à l'histoire, soit à la mythologie, soit à la philologie, à la géographie et à d'autres arts ou sciences. Nous avons lu entre autres choses les noms de 300 rois à dater des tems les plus reculés jusqu'à l'époque des Empereurs Romains. Nous avons toute prête l'explication d'un grand nombre de monumens Egyptiens; ainsi qu'un glossaire, et une grammaire toute entière de l'ancienne langue Egyptienne. Déjà nous avons publié environ 50 explications d'autant de divers monumens Egyptiens, dont cinq, contenant des inscriptions bilingues, ont été confirmés par les traductions Grecques trouvées ensuite. Si M. Champollion avait voulu réfuter notre doctrine, il aurait donc aussi fallu prouver que notre interprétation de tant d'écrits Egyptiens était fausse. Il suffisait même qu'il fît voir par une seule ligne du texte soit démotique soit hiéroglyphique de l'Inscription de Rosette, qu'une série quelconque de mots rapportés par nous devait être différemment lue et traduite. Tant que l'on ne démontrera pas que les monumens Egyptiens par lesquels notre système est fondé, sont faux, et que les témoignages des anciens, qui les confirment, sont pareillement faux, ainsi que les explications des écrits Egyptiens que nous avons données suivant notre méthode, tant, dis-je, que tout cela ne sera pas démontré, notre système ne pourra être ébranlé, et aucun autre système opposé au nôtre ne pourra se soutenir.

Mais outre les cinq objections que nous avons rapportées, le savant Français s'est servi pour attaquer notre doctrine, d'un sixième argument, qui nous reste encore à examiner. Il met sa théorie hiéroglyphique en opposition avec la nôtre; et sans doute il ne pouvait pas faire autrement, puisque l'une est absolument contraire à l'autre [30]. Mais il faut bien observer, et j'en suis bien fâché, que de tout le système de M. Champollion, il n'y a pas une virgule, qui soit appuyée sur de solides raisons. Notre cri-

---

[30] Lettre p. 22.

tique au moins ne saurait adhérer à aucun de ses raisonnemens. L'on pense communément, que le système de M. Champollion répond exactement aux témoignages des anciens. Mais cela ne peut s'entendre tout au plus, que de ceux qui, en passant et en termes vagues, ont parlé de l'écriture Egyptienne comme étant symbolique. Tous les autres auteurs les plus distingués contredisent ouvertement M. Champollion. Qu'on nous dise, comment ceux qui rapportent que l'alphabet Egyptien se composait d'abord de 22 lettres, et qu'augmenté ensuite de trois autres il en comptait 25, qu'on nous dise comment ces anciens-là peuvent s'accorder avec M. Champollion, qui a déjà trouvé, et dû reconnaître d'après son système, jusqu'à 200 véritables lettres Egyptiennes? Clément d'Alexandrie lui-même ne se trouve d'accord avec le savant Français, quand on l'explique d'après les règles communes de la philologie, et conformément aux monumens Egyptiens. Tout le monde croit, que M. Champollion ait fondé son système sur un grand nombre de monumens originaux de l'Egypte. Mais comme il examinait ses monumens d'après des opinions préoccupées, il a vu dans ceux-ci non ce qui s'y trouvait, mais ce qu'il convenait d'y reconnaître d'après sa théorie. M. Champollion prétend en outre prouver son système par diverses inscriptions bilingues. Mais les monumens bilingues, tels que les papyrus démotiques avec le registre Grec, sont de telle nature, qu'ils ne prouvent rien en sa faveur. Car (et c'est là où M. Champollion s'est trompé) les textes Grecs traitent de toute autre chose que les textes démotiques [32]). L'Inscription de Rosette au contraire, la seule véritablement bilingue que nous ayons, mais que M. Champollion n'a pas

---

32) Telle est l'inscription de la momie de Turin, dont M. le Chevalier de St. Quintin a entrepris de donner la première explication. Bientôt après on l'a fait paraître dans le *Bulletin des sciences* Sect. VII. n. 9. p. 177. en reproduisant les mêmes observations justes, particulièrement l'indication des chiffres, avec les mêmes erreurs, et jusqu'aux fautes lithographiques, en supprimant seulement le nom de M. de S. Quintin. Voy. aussi *Notice sur une momie Egypt. du tems d'Adrien*. Paris 1824.

encore essayé d'expliquer, loin de confirmer son système, en fournit la réfutation la plus complète. Quant au suffrage d'une Académie le savant Français a eu tort de vouloir s'en étayer, pour soutenir sa cause. Les Académies dont je respecte et apprécie infiniment l'utilité et les mérites, sont des réunions de savans de différentes familles; et je ne saurais reconnaître que l'autorité de ceux, qui se seront occupés de la même branche de littérature que nous, avec la même application, la même exactitude et le même soin. Enfin M. Champollion fait valoir ses services que son système a rendu à l'histoire, et qui se réduisent à vingt ou trente noms de Rois Egyptiens, qu'il prétend d'avoir expliqués. Je ne rappellerai pas ici, que les mêmes noms ont été lus différemment par d'autres savans d'après les principes mêmes du système de M. Champollion. Nous expliquons tous ces noms ainsi que les autres légendes de M. Champollion soit en entier, soit en partie tout autrement que le savant Français. Ainsi pour tout résumer en deux mots, M. Champollion n'aurait pu établir son système hiéroglyphique que de deux manières, d'abord en montrant le parfait accord de ses principes avec les témoignages clairs et positifs des anciens, et puis en faisant voir que l'Inscription de Rosette, à laquelle la traduction Grecque sert de contrôle, peut être expliquée et comprise dans son vrai sens moyennant l'application de ce système. En expliquant l'Inscription de Rosette l'Auteur devait faire connaître d'une part la signification de chaque groupe de signes démotiques et hiéroglyphiques, et d'un autre côté rendre compte de la raison, pourquoi trois, quatre, cinq ou plusieurs signes réunis expriment un seul mot ou une seule idée. Car pour avoir la clef de l'écriture Egyptienne, que M. Champollion se vante d'avoir découverte, il ne suffit pas de déterminer par des conjectures, ce que signifient certains signes réunis, mais de montrer ainsi que nous l'avons fait la raison et la règle d'après laquelle plusieurs signes ensemble représentent un seul mot.

Il sera plus facile maintenant de porter un jugement ainsi que le désire M. Champollion entre sa doctrine hiéroglyphique et la nôtre. Nous voyons paraître devant les juges, auxquels il appartient de prononcer de ces matières, deux systèmes différens. Parmi ces deux systèmes l'un explique les mots des Egyptiens comme ceux des autres nations; l'autre prend les hiéroglyphes pour une espèce d'écriture que l'on appelle ordinairement *Rebus*. L'un est le résultat d'un examen et d'une comparaison exacte des monumens Egyptiens; l'autre, comme M. Champollion le confessera, fut construit *à priori*. L'un s'accorde avec les systèmes des anciens et avec les témoignages de quelque poids des anciens auteurs; tandis que l'autre est en contradiction avec eux. L'un est confirmé par l'Inscription de Rosette et les autres inscriptions bilingues; l'autre n'a pas encore réussi à donner l'explication d'une seule ligne de l'Inscription de Rosette. L'un donna une interprétation d'un papyrus de Paris, qui est parfaitement d'accord avec la traduction Grecque du même papyrus, trouvée plus tard. L'autre . . . .

Mais on comprend aisément, comment M. Champollion, dont la théorie à déjà trouvé des contradicteurs parmi les savans les plus profonds, a pu tomber dans de si grandes et de si nombreuses erreurs. Clément d'Alexandrie indique assez clairement, que pour lire et comprendre les écrits Egyptiens, il faut commencer par les lettres démotiques, passer de là aux hiératiques, et enfin aux hiéroglyphes. Le savant Français au contraire se croyant un peu plus avisé que Clément d'Alexandrie, n'a pas voulu passer des lettres vulgaires aux hiératiques et de là aux hiéroglyphes, comme nous et les enfans Egyptiens, mais partant des hiéroglyphes il a cherché à remonter aux lettres sacerdotales, et aux lettres vulgaires.

Nous voyons pourtant, que les recherches de M. Champollion n'ont pas été entreprises sous des heureux auspices; et nous osons lui prophétiser ce que nous avons prévu depuis long-tems, et prédit encore avant la publication d'une telle théorie, que plus son système hiéroglyphique a fait son entrée dans le monde savant avec éclat, et accompagné des applaudissemens de ses amis, plus elle tombera promptement dans l'oubli.

Mais en voilà assez. Comme je connais assez à fond la doctrine de M. Champollion sur les hiéroglyphes, j'en ferai voir le néant, s'il plaît à Dieu, avec plus d'étendue et de précision dans la seconde ou troisième partie de mes *Adversaires Egyptiens*. (Le seul nom de Ptolemée, sur lequel s'appuie tout le système de M. Champollion, aurait dû le convaincre du peu de solidité de sa théorie). Car rien n'est aussi saint, rien n'est aussi sublime, que la vérité. Je ne tarderai pas à cette occasion de donner tout le développement nécessaire aux principes de notre système.

Naples le 18 octobre 1826.

G. Seyffarth.

www.ingramcontent.com/pod-product-compliance
Lightning Source LLC
Chambersburg PA
CBHW060607050426

42451CB00011B/2130